Über die Zubereitung des indischen Hanfs oder Gunjah (Cannabis Indica)

Ihre Auswirkungen auf das tierische Gesundheitssystem und ihr Nutzen bei der Behandlung von Tetanus und anderen Krampferkrankungen

WB O'Shaughnessy

Writat

Diese Ausgabe erschien im Jahr 2023

ISBN: 9789359255095

Herausgegeben von
Writat
E-Mail: info@writat.com

INDISCHER HANF usw.

Die narkotische Wirkung von Hanf ist in Südafrika, Südamerika, der Türkei, Ägypten, Kleinasien, Indien und den angrenzenden Gebieten der Malaien, Burmesen und Siamesen allgemein bekannt. In all diesen Ländern wird Hanf in verschiedenen Formen von Ausschweifenden und Verdorbenen als Mittel für einen angenehmen Rausch verwendet. In der Volksmedizin dieser Nationen wird es in großem Umfang bei einer Vielzahl von Erkrankungen eingesetzt, insbesondere bei solchen, bei denen Krämpfe oder neuralgische Schmerzen die hervorstechenden Symptome sind. Aber auch in Westeuropa ist seine Verwendung, sei es als Stimulans oder als Heilmittel, unbekannt. Mit Ausnahme des ausgelassenen Versuchs einiger Jugendlicher in Marseille mit dem ägyptischen „ Haschisch " und der klinischen Anwendung des Hanfweins durch Hahnemann, wie in einem späteren Auszug gezeigt, war ich dazu nicht in der Lage Hinweise auf den Einsatz dieser Droge in Europa finden.

Es bestehen große Meinungsverschiedenheiten über die Frage, ob der in Europa, selbst in hohen nördlichen Breiten, so reichlich vorkommende Hanf in bestimmten Merkmalen mit dem Hanf aus Kleinasien und Indien identisch ist. Die außergewöhnlichen Symptome, die die letztere hervorruft, hängen von einem harzigen Sekret ab, mit dem sie reichlich vorhanden ist und das bei der europäischen Art völlig zu fehlen scheint. Die größte physische Ähnlichkeit oder sogar Identität besteht zwischen zwei Pflanzen; Der Unterschied des Klimas scheint mir mehr als ausreichend zu sein, um das Fehlen der harzigen Sekretion und den daraus resultierenden Mangel an narkotischer Kraft bei diesem in kälteren Ländern beheimateten Baum zu erklären.

Im folgenden Artikel versuche ich zunächst, einen angemessenen Überblick über die Aufzeichnungen über die frühe Geschichte, die populäre Verwendung und den Einsatz dieser wirksamen und wertvollen Substanz in der Medizin zu geben. Dann bemerke ich mehrere Experimente, die ich an Tieren durchgeführt habe, um ihre Auswirkungen auf das gesunde System festzustellen. und schließlich reiche ich eine Zusammenfassung der klinischen Einzelheiten der Behandlung mehrerer Patienten mit Hydrophobie, Tetanus und anderen Krampfstörungen ein, bei denen ein Hanfpräparat eingesetzt wurde, mit Ergebnissen, die meines Erachtens unsere Vorwegnahme rechtfertigen Eine umfassendere und unparteiischere

Nutzung stellt keine unerhebliche Erweiterung der Ressourcen des Arztes dar.

Reisenden Syed Keramut Ali, Mootawulee aus dem Hooghly Imambarrah , und auch dem Hakim Mirza Abdul Razes aus Teheran, der mir wertvolle Hilfe geleistet hat, meinen herzlichen Dank Interessante Details zum Hanfkonsum in Kandahar, Kabul und den Ländern zwischen Indus und Herat. Der Pandit Moodoosudun Gootu hat mich mit Hinweisen auf die Aussagen über Hanf in den frühen Sanskrit- Autoren zur Materia Medica beschenkt; zum berühmten Kamalakantha Vidyalanka , dem Pandit der Asiatischen Gesellschaft, ich muss auch meine Danksagungen niederschreiben; Herr DaCosta hat mir zuvorkommend zahlreiche Notizen aus dem „ Mukzun-ul-Udwieh “ und anderen persischen und indischen Systemen der Materia Medica zur Verfügung gestellt. Für Informationen über die Sorten der Droge und ihren Konsum in Bengalen gebührt Herrn McCann, dem stellvertretenden Superintendenten der Polizei, mein Dank; Und schließlich möchte ich mich bei den in der Fortsetzung genannten Herren Medizinern für die klinischen Details bedanken, mit denen sie das Thema bereichert haben.

Botanische Charaktere – Chemische Eigenschaften – Produktion.

Botanische Beschreibung. – Wenn wir mit Lindley und anderen bedeutenden Autoren davon ausgehen, dass *Cannabis sativa* und *Indica* identisch sind, stellen wir fest, dass die Pflanze zweihäusig , einjährig, etwa einen Meter hoch und mit einer feinen Behaarung bedeckt ist; der Stängel ist aufrecht, verzweigt, hellgrün, eckig; Blätter, wechselständig oder gegenständig, an langen, schwachen Blattstielen; fingerförmig, schorfig, mit linearen, lanzettlichen, scharf gezackten Blättchen, die sich zu einer langen, glatten Spitze verjüngen; Nebenblätter subulieren; Blütenbüschel achselständig mit pfriemlichen Hochblättern ; Männchen schlaff und herabhängend, an der Basis verzweigt und blattlos; Weibchen aufrecht, einfach und an der Basis beblättert. Kelch flaumig, fünfteilig, schuppig. Fünf Staubblätter; Staubbeutel groß und hängend. Kelch mit braunen Eicheln bedeckt. Eierstock rundlich mit herabhängender Eizelle und zwei langen fadenförmigen Drüsennarben; Achenium eiförmig, einsamig . – *Vide Lindley's Flora Medica* , S. 299.

Die Fasern der Stängel sind lang und äußerst zäh, so dass sie das beste Gewebe für Tauwerk liefern und somit das Material für einen der wichtigsten Zweige der europäischen Manufaktur bilden.

Der Samen ist lediglich proteinhaltig und ölig und weist keinerlei narkotische Eigenschaften auf.

Chemische Eigenschaften. — Zu bestimmten Jahreszeiten und in warmen Ländern tritt ein harziger Saft aus, der sich auf den Blättern, dünnen Stängeln und Blüten festigt; Die Art und Weise, diesen Saft zu entfernen, wird später detailliert beschrieben. Getrennt und in Massen bildet es den *Churrus* [1] von Nipal und Hindostan , und diesem, der Art oder Grundlage aller Hanfpräparate, sind die Kräfte dieser Arzneimittel zuzuschreiben.

Das Harz des Hanfs ist in Alkohol und Äther löslich ; teilweise löslich in alkalischen, unlöslich in sauren Lösungen; im reinen Zustand von schwarzgrauer Farbe; hart bei 90°; wird bei höheren Temperaturen weich und schmilzt leicht; löslich in festen und mehreren ätherischen Ölen. Sein Geruch ist duftend und narkotisch; Geschmack leicht warm, bitter und scharf.

Die getrocknete Hanfpflanze, die geblüht hat und *deren Harz nicht entfernt wurde* , wird GUNJAH GENANNT . Es wird für 1 Sekunde verkauft. 6d. bis 2s. für 2 Pfund. auf den Basaren von Kalkutta und ergibt zwanzig Alkohol pro 100 Harzextrakt, bestehend aus Harz (*Churrus*) und grünem Farbstoff (*Chlorophyll*). Mit einer großen Menge Wasser oder Spiritus destilliert, gehen Spuren von ätherischem Öl über und der destillierte Likör hat den starken narkotischen Geruch der Pflanze. Der *Gunjah* wird hauptsächlich zum Rauchen verkauft. Die *Gunjah -Bündel* sind etwa 60 cm lang, haben einen Durchmesser von 10 cm und enthalten 24 Pflanzen. Die Farbe ist dunkelgrün; der Geruch angenehm narkotisch; Die ganze Pflanze fühlt sich harzig und klebrig an.

Die größeren Blätter und Kapseln ohne Stiel werden „ *Bang* “, „*Subjee* “ oder „*Sidhee* “ genannt. Sie werden zur Zubereitung eines berauschenden Getränks, zum Räuchern und in der Konserve oder Konfektion namens *Majoon verwendet* . *Bang* ist billiger als *Gunjah* und wird, obwohl weniger stark, zu einem so niedrigen Preis verkauft, dass man für weniger als einen halben Penny genug kaufen kann, um einen „erfahrenen" Menschen zu berauschen.

Den Notizen von Herrn McCann zufolge wird der in Bengalen konsumierte *Gunjah hauptsächlich aus* Mirzapore und Ghazeepore mitgebracht und in der Nähe von Gwalior und in Tirhoot in großem Umfang angebaut . Die Eingeborenen schneiden die Pflanze während der Blüte ab, lassen sie drei Tage lang trocknen und legen sie dann in Bündel mit einem durchschnittlichen Gewicht von je zwei Pfund, die an die lizenzierten Händler verteilt werden. Die besten Sorten werden aus Gwalior und Bhurtpore mitgebracht und werden auch in einigen Gärten rund um Kalkutta in guter Qualität angebaut. In Jessore, so wurde mir mitgeteilt, wird die Droge in hervorragender Qualität hergestellt und in sehr erheblichem Umfang angebaut. In Zentralindien, im Saugor- Gebiet und in Nipal wird *Churrus während der* heißen Jahreszeit auf die folgende einzigartige Weise gesammelt: Männer in Lederkleidern laufen durch die Hanffelder und streifen mit aller möglichen Gewalt durch die Pflanze; Das weiche Harz haftet am Leder und wird anschließend abgekratzt und zu Kugeln geknetet, die ab 10 Stück verkauft werden. bis 12s. für 2 Pfund. Eine noch feinere Sorte, die *Momeea* oder Wachs- *Churrus* , *wird in* Nipal von Hand gesammelt und für fast das Doppelte des Preises der gewöhnlichen Sorte verkauft. In Nipal , teilt mir Dr. McKinnon mit, wird auf den ledernen Reiz verzichtet und das Harz auf den Häuten nackter Kulis gesammelt. In Persien wird von Mirza Abdul Razes angegeben, dass der *Churrus* zubereitet wird, indem man die harzige Pflanze auf grobe Tücher drückt, sie dann von diesen abkratzt und sie in einem Topf mit etwas warmem Wasser schmilzt. Er betrachtet den *Churrus* von Herat als die beste und stärkste aller Sorten der Droge.

Beliebte Anwendungen.

Zu Rauschzwecken werden Hanfpräparate wie folgt eingesetzt:

Sidhee , *Subjee* und *Bang* (Synonym) werden mit Wasser als Getränk verwendet, das so zubereitet wird. Ungefähr drei Tola-Gewicht, 540 Troy-Körner, werden gut mit kaltem Wasser gewaschen, dann getrocknet und zu Pulver verrieben, mit schwarzem Pfeffer, Gurken- und Melonenkernen, Zucker, einem halben Pint Milch und einer gleichen Menge Wasser vermischt. Dies wird als ausreichend angesehen, um eine daran gewöhnte Person zu berauschen. Für einen Anfänger reicht die halbe Menge. Diese Komposition wird hauptsächlich von den Mohammedanern der besseren Klasse verwendet.

Ein weiteres Rezept lautet wie folgt: –

Die gleiche Menge *Sidhee* wird gewaschen, getrocknet und gemahlen, mit schwarzem Pfeffer vermischt und mit einem Liter kaltem Wasser versetzt. Das ist auf einmal seltsam . Dies ist das Lieblingsgetränk der Hindus, die dieses Laster praktizieren, insbesondere der Birjobassies und vieler Rajpootana- Soldaten.

Bei jedem dieser Getränke kommt es innerhalb einer halben Stunde zu einer Vergiftung. Fast ausnahmslos handelt es sich um einen Rausch der fröhlichsten Art, der den Betroffenen zum Singen und Tanzen, zum genüsslichen Essen und zur Suche nach aphrodisierenden Genüssen verleitet. Bei Personen mit einer streitsüchtigen Veranlagung kommt es gelegentlich, wie zu erwarten, zu einer Verärgerung ihrer natürlichen Neigung. Der Rausch dauert etwa drei Stunden, dann setzt der Schlaf ein. Es gelingt weder Übelkeit noch Magenbeschwerden, noch wird der Darm überhaupt beeinträchtigt; Am nächsten Tag gibt es leichtes Schwindelgefühl und starke Gefäßbildung in den Augen, aber kein anderes Symptom, das es wert wäre, aufgezeichnet zu werden.

Gunjah wird nur zum Räuchern verwendet: Ein Rupiengewicht, 180 Grains und etwas getrockneter Tabak werden mit ein paar Tropfen Wasser in der

Handfläche aneinander gerieben. Dies reicht für drei Personen. Zuerst wird ein wenig Tabak in die Pfeife gegeben, dann eine Schicht des vorbereiteten *Gunjah* , dann noch mehr Tabak und vor allem das Feuer.

Normalerweise nehmen vier oder fünf Personen an dieser Ausschweifung teil. Die Wasserpfeife wird herumgereicht und jede Person nimmt einen Zug. Der Rausch tritt fast augenblicklich ein; und von einem Zug zum ungewohnten, innerhalb einer halben Stunde; und nach vier oder fünf Inspirationen an diejenigen, die im Laster geübter sind . Die Wirkungen unterscheiden sich von denen, die durch das *Sidhee hervorgerufen werden* . Schwere, Faulheit und angenehme Träumereien sind die Folge, aber die Person kann leicht aufgeweckt werden und ist in der Lage, Routinetätigkeiten wie das Ziehen der Punkah, das Bedienen am Tisch usw. auszuführen.

Der *Majoon* oder Hanfkonfekt ist eine Verbindung aus Zucker, Butter, Mehl, Milch und *Sidhee* oder *Bang* . Der Vorgang wurde vor mir wiederholt von Ameer durchgeführt, dem Besitzer eines berühmten Urlaubsortes für Hanf-Anhänger in Kalkutta, der als der beste Künstler seines Fachs gilt. Vier Unzen *Sidhee* und eine gleiche Menge *Ghee* (geklärte Butter) werden in ein irdenes oder gut verzinntes Gefäß gegeben, mit einem halben Liter Wasser versetzt und das Ganze über einem Holzkohlenfeuer erwärmt. Die Mischung wird ständig gerührt, bis das Wasser vollständig verkocht ist, was durch das knisternde Geräusch der geschmolzenen Butter an den Seiten des Gefäßes erkennbar ist; Die Mischung wird dann vom Feuer genommen, heiß durch ein Tuch gepresst – wodurch eine ölhaltige Lösung der Wirkstoffe und Farbstoffe des Hanfs entsteht – und die auf dem Tuch verbleibenden Blätter, Fasern usw. werden weggeworfen .

Die grüne, ölige Lösung verfestigt sich bald zu einer butterartigen Masse und wird dann gründlich mit der Hand mit weichem Wasser gewaschen, bis sich das Wasser verfärbt. Der Farbstoff und eine extraktive Substanz werden dadurch entfernt und es bleibt eine sehr blassgrüne Masse von der Konsistenz einer einfachen Salbe zurück. Die Wäsche wird weggeworfen; Ameer sagt, dass diese berauschend seien und eine Verengung der Kehle, große Schmerzen und sehr unangenehme und gefährliche Symptome hervorrufen.

Dann nimmt der Bediener zwei Pfund Zucker, fügt etwas Wasser hinzu und legt ihn in einen Pipkin über dem Feuer. Wenn sich der Zucker auflöst und schäumt, werden zwei Unzen Milch hinzugefügt; ein dicker Schaum steigt auf und wird entfernt; Von Zeit zu Zeit werden mehr Milch und etwas Wasser hinzugefügt und das Kochen etwa eine Stunde lang fortgesetzt, wobei die Lösung sorgfältig gerührt wird, bis ein klebriger, klarer Sirup entsteht, der auf einer kalten Oberfläche fest werden kann. Nun werden vier

Unzen *Reifen* (neue, vor der Sonne getrocknete Milch) in feinem Pulver eingerührt, und zuletzt wird die vorbereitete Hanfbutter hinzugefügt, wobei das kräftige Rühren einige Minuten lang fortgesetzt wird. Dann streut man schnell ein paar Tropfen Rosenutur hinein und gießt die Mischung aus dem Pipkin auf eine flache, kalte Schüssel oder Platte. Die Masse verfestigt sich sofort zu einem dünnen Kuchen, der in kleine rautenförmige Stücke geteilt wird. So vorbereitet wird es für 8s verkauft. die 2 Pfund ; Eine Drachme, gemessen am Gewicht, wird einen Anfänger berauschen; drei Drachmen erlebte man in seiner Verwendung. Der Geschmack ist süß und der Geruch sehr angenehm.

Ameer gibt an, dass es in Kalkutta sieben oder acht *Majoon- Hersteller gibt;* dass er manchmal, auf besondere Anweisung von Kunden, Stramonium-Samen einführt, aber niemals Nux vomica; dass alle Personenschichten, einschließlich der niederen Portugiesen oder „Kala Feringhees " und insbesondere deren Frauen, die Droge konsumieren; dass es in seinen Wirkungen äußerst faszinierend ist und ekstatisches Glück, eine Überzeugung von hohem Rang, ein Gefühl des Fliegens, einen unersättlichen Appetit und ein intensives aphrodisierendes Verlangen hervorruft. Er bestreitet, dass seine fortgesetzte Anwendung zu Wahnsinn, Impotenz oder zu den zahlreichen bösen Folgen führt, die von den arabischen und persischen Ärzten beschrieben werden. Obwohl ich Ameers Aussagen in diesem Punkt nicht glaube, ist seine Beschreibung der unmittelbaren Wirkung von *Majoon* absolut und genau korrekt.

Die meisten fleischfressenden Tiere fressen es gierig und spüren sehr bald seine narkotische Wirkung, wobei sie sich lächerlich betrinken, aber selten schlimmere Folgen erleiden.

Historische Details – Hinweise von Sanskrit- , arabischen und persischen Schriftstellern über Hanf und seine Verwendung.

Der vorangehende Hinweis reicht aus, um die weiteren historischen und medizinischen Einzelheiten zu erläutern. Ich setze das Historische voraus, um den genauen Stand unseres Wissens über das Thema zu zeigen, als ich versuchte, es zu untersuchen.

Obwohl die bedeutendsten arabischen und persischen Autoren darin übereinstimmen, den Ursprung der Praxis der Hanfvergiftung auf die Ureinwohner Hindustans zu verweisen , ist es bemerkenswert, dass nur wenige Spuren der Verbreitung des Lasters zu irgendeinem frühen Zeitpunkt in Indien nachgewiesen werden können.

Der Pandit Moodoosudun Gooptu findet, dass das „ Rajniguntu ", eine Standardabhandlung über die Materia Medica, die er vage auf ein Alter von 600 Jahren schätzt, eine klare Beschreibung dieses Wirkstoffs liefert. Seine

Synonyme sind „ *bijoya* ", „ *ujoya* " und „ *joya* ", Namen, die „Förderer des Erfolgs" bedeuten; „ *brijputta* " oder der Stärkere oder der Starkblättrige; „ *chapola* ", die Ursache für einen schwankenden Gang; „ *ununda* " oder das Lachen-Bewegen; „ *hursini* ", der Erreger des sexuellen Verlangens. Seine Wirkung auf den Menschen wird als anregend, erhitzend, adstringierend beschrieben. Es wird hinzugefügt, dass es „Schleim zerstört, Blähungen vertreibt, Reizbarkeit hervorruft, das Gedächtnis schärft, die Beredsamkeit steigert, den Appetit anregt und als allgemeines Stärkungsmittel wirkt."

Der „ Rajbulubha ", eine Sanskrit- Abhandlung aus späterer Zeit, spielt auf die Verwendung von Hanf bei Gonorrhoe an und wiederholt die Aussagen des „ Rajniguntu ". Im hinduistischen Tantra, einer religiösen Abhandlung, die eigenartige und mystische Formulierungen und Riten für die Verehrung der Gottheiten lehrt, heißt es außerdem, dass *Sidhee* berauschender sei als Wein.

Im berühmten „ Susruta ", dem vielleicht ältesten aller hinduistischen medizinischen Werke, steht geschrieben, dass Personen, die unter Katarrh leiden, neben anderen Heilmitteln auch Bijoya oder *Sidhee* innerlich *anwenden sollten* . Die Auswirkungen werden jedoch nicht beschrieben.

Der gelehrte Kamalakantha Vidyalanka hat einen Hinweis auf Hanf im 5. Kapitel von *Menu gefunden* , wo es Brahmanen verboten ist, die folgenden Substanzen zu verwenden: *Palandoo* oder Zwiebeln, *Gunjara* oder *Gunjah* und solche Gewürze, die einen starken und stechenden Duft haben.

Die arabischen und persischen Autoren berichten jedoch weitaus ausführlicher und präziser über diese faszinierenden Vorbereitungen. Im 1. Bd. von De Sacys „ Crestomathie Arabisch " finden wir eine äußerst interessante Zusammenfassung der Schriften von Takim Eddin Makrizi zu diesem Thema. Auch Lane hat es mit seinem gewohnten Können in seinem bewundernswerten Werk „The Modern Egyptians" bemerkt. Aus diesen beiden Quellen stammt die MS. In den Notizen von Syed Keramut Ali und Herrn DaCosta sowie in einem merkwürdigen Aufsatz unseres Freundes Mirza Abdul Razes, einem äußerst intelligenten persischen Arzt, wird der folgende Inbegriff zusammengestellt:

Makrizi behandelt den Hanf in seiner begeisterten Beschreibung des berühmten Canton de la Timbaliere , der alten Vergnügungsparks in der Nähe von Kairo. Nach vielen Wechselfällen ist dieses Viertel heute ein Trümmerhaufen. Darin befand sich ein kultiviertes Tal namens Djoneina , das, wie wir erfahren, der Schauplatz aller erdenklichen Abscheulichkeiten war. Berühmt war es vor allem für den Verkauf von *Haschisch* , das immer noch von den Resten der Bevölkerung gierig konsumiert wird und aus dessen Konsum die Exzesse hervorgingen, die dazu führten, dass den Sarazenen im Heiligen der Name „Attentäter" gegeben wurde Kriege. Die Geschichte der

Droge behandelt der Autor wie folgt: – Das älteste Werk, in dem Hanf erwähnt wird, ist eine Abhandlung von Hasan, der angibt, dass im Jahr 658 ME der Scheich Djafar Shirazi, ein Mönch des Ordens von Haider, davon gelernt habe sein Meister die Geschichte der Entdeckung von Hanf. Haider, der Anführer der Asketen und Selbstzüchtiger, lebte in strenger Entbehrung auf einem Berg zwischen Nishabor und Ramah, wo er ein Fakirkloster gründete. Zehn Jahre hatte er in diesem Rückzugsort verbracht, ohne ihn auch nur einen Augenblick zu verlassen, bis er an einem heißen Sommertag allein auf die Felder ging. Bei seiner Rückkehr prägte sich ein Ausdruck von Freude und Fröhlichkeit auf seinem Gesicht; Er empfing die Besuche seiner Brüder und ermutigte sie zu Gesprächen. Als er befragt wurde, erklärte er, dass er, beeindruckt von dem Anblick einer Pflanze, die wie vor Freude in der Hitze tanzte, während der Rest der pflanzlichen Schöpfung träge war, ihre Blätter gesammelt und gegessen habe. Er führte seine Gefährten an den Ort, alle aßen und alle waren gleichermaßen aufgeregt. Eine Tinktur des Hanfblattes in Wein oder Spiritus scheint die Lieblingsformel gewesen zu sein , der sich Scheich Haider hingab. Ein arabischer Dichter besingt Haiders *Smaragdbecher* – eine offensichtliche Anspielung auf die satte grüne Farbe der Tinktur der Droge. Der Scheich überlebte die Entdeckung zehn Jahre lang und ernährte sich hauptsächlich von diesem Kraut, und nach seinem Tod pflanzten seine Jünger es auf Wunsch in einer Laube um sein Grab.

Von diesem Heiligengrab aus soll sich das Wissen über die Wirkung von Hanf bis nach Khorasan verbreitet haben. In Chaldäa war es bis 728 N. CHR. , während der Herrschaft des Kalifen Mostansir, unbekannt Billah ; Die Könige von Ormus und Bahrain führten es dann in Chaldäa, Syrien, Ägypten und der Türkei ein.

Es scheint jedoch, dass in Khorasan das Datum der Verwendung von Hanf weit vor Haiders Ära liegt. Biraslan , ein indischer Pilger und Zeitgenosse von Cosröes , [2] soll den Brauch in Khorasan und im Jemen eingeführt und verbreitet haben. Als Beweis für das große Alter dieser Praxis können bestimmte Passagen aus den Werken des Hippokrates zitiert werden, in denen einige ihrer Eigenschaften klar beschrieben werden, aber die Schwierigkeit, zu entscheiden, ob die Passagen falsch oder echt sind, macht die Tatsache von geringem Wert . Dioskurides (lib. ij . cap. 169) beschreibt Hanf, bemerkt aber lediglich die erweichenden Eigenschaften seiner Samen; Seine berauschende Wirkung muss daher als den Griechen vor seiner Ära unbekannt angesehen werden, von der allgemein angenommen wird, dass sie etwa im zweiten Jahrhundert der christlichen Epoche liegt und etwas nach der Lebenszeit von Plinius liegt.

In der Erzählung von Makrizi erfahren wir auch, dass Oxymel und Säuren die stärksten Gegenmittel gegen die Wirkung dieses Narkotikums sind; daneben Brechmittel, Kältebäder und Schlaf; und uns wird weiter gesagt, dass es harntreibende, adstringierende und insbesondere aphrodisierende Eigenschaften besitzt. Ibn Beitar war der erste, der seine Neigung zu psychischen Störungen aufzeichnete, und er gibt sogar an, dass sich diese gelegentlich als tödlich erweisen.

Im Jahr 780 ME wurden in Ägypten sehr strenge Verordnungen gegen diese Praxis erlassen; der Djoneina- Garten wurde abgeholzt und allen wegen Drogenkonsums Verurteilten wurden die Zähne gezogen; aber im Jahr 799 etablierte sich der Brauch mit mehr als ursprünglicher Kraft wieder. Makrizi zeichnet ein ausdrucksstarkes Bild der Übel, die dieses Laster dann seinen Anhängern zufügte : „ Die Folge davon war eine allgemeine Verfälschung der Gefühle und Manieren, die Bescheidenheit verschwand, jeder Niedrigkeit und bösen Leidenschaft wurde offen nachgegeben und der Adel der äußeren Form blieb allein übrig." diese verliebten Wesen."

Medizinische Eigenschaften, die Hanf von antiken arabischen und persischen Schriftstellern sowie von modernen europäischen Autoren zugeschrieben werden.

In der vorangehenden Betrachtung von Makrizis Schriften zu diesem Thema haben wir uns hauptsächlich auf historische Details beschränkt und Beschreibungen angeblicher medizinischer Wirkungen ausgeschlossen. Das Mukzun-ul-Udwieh und das persische MS. In unserem Besitz informieren Sie uns über die Eigenschaften, die die alten Ärzte diesem starken Narkotikum zuschrieben.

In Mr. DaCostas MS. In der Version des Kapitels über Hanf im Mukzun-ul-Udwieh , *Churrus* , wird uns mitgeteilt, dass das Rauchen durch eine Pfeife zu Benommenheit und Rausch führt und sich für den Raucher oft als tödlich erweist. Drei Arten sind bekannt: der *Garten* , *die Wildnis* und *der Berg* , von denen die letzte als die stärkste gilt; Die Samen werden in Persien *Sheadana* oder *Shaldaneh genannt* . Diese sollen „eine Verbindung gegensätzlicher Eigenschaften sein, kalt und trocken im dritten Grad – das heißt anregend und beruhigend, wobei sie zunächst eine sanfte belebende Wärme und dann eine beträchtliche kühlende Wirkung verleihen".

Die gegensätzlichen Eigenschaften der Pflanze, ihre stimulierende und beruhigende Wirkung, werden besonders hervorgehoben. „Sie erheitern zunächst die Gemüter, bewirken Heiterkeit, verleihen dem Teint Farbe, rufen Rausch hervor, regen die Fantasie zu den schwärmerischsten Ideen an, erzeugen Durst, steigern den Appetit, erregen die Begierde. Danach beginnen die beruhigenden Wirkungen zu überwiegen, die Stimmung sinkt, die Sicht wird dunkler und schwächer; und Wahnsinn, Melancholie, Ängstlichkeit, Wassersucht und ähnliches wie Staupe sind die Folgen – und die bahnbrechenden Geheimnisse versiegen. Diese Effekte werden durch Süßigkeiten verstärkt und durch Säuren bekämpft."

Der Autor des Mukzun-ul-Udwieh informiert uns weiter:

„Die Blätter sind ein guter Schnupftabak zur Reinigung des Gehirns; Der Saft der Blätter wird als Waschmittel auf den Kopf aufgetragen und entfernt Schuppen und Ungeziefer. Tropfen des Saftes, die ins Ohr geworfen werden, lindern Schmerzen und vernichten Würmer oder Insekten. Es hemmt Durchfall , hilft bei Gonorrhoe , hemmt die Samensekretion und wirkt harntreibend. Die Rinde hat eine ähnliche Wirkung."

„Das Pulver wird zur äußerlichen Anwendung auf frische Wunden und Wunden sowie zur Entstehung von Granulationen empfohlen; ein Umschlag aus gekochter Wurzel und Blättern zur Behandlung von Entzündungen, zur Heilung von Erysipel und zur Linderung neuralgischer Schmerzen. Die getrockneten, gequetschten und auf einem Rizinusölblatt ausgebreiteten Blätter heilen Hydrocele und Schwellungen. Die innere *Dosis* beträgt ein *Direm* oder achtundvierzig Grains. Die Gegenmittel sind Brechmittel, Kuhmilch, heißes Wasser und Sauerampferwein."

In Anspielung auf seine populären Verwendungszwecke geht der Autor auf die möglichen bösen Folgen des Genusses ein; Zuerst kommt es zu einer Schwäche der Verdauungsorgane, gefolgt von Blähungen, Verdauungsstörungen, Anschwellen der Gliedmaßen und des Gesichts, Veränderung der Hautfarbe, Verminderung der sexuellen Kraft, Zahnverlust, Schweregefühl, Feigheit, verdorbene und böse Ideen; Skepsis gegenüber religiösen Grundsätzen, Zügellosigkeit und Gottlosigkeit werden ebenfalls im Katalog der beklagenswerten Ergebnisse aufgeführt.

Die medizinischen Eigenschaften von Hanf in verschiedenen Formen sind Gegenstand einiger interessanter Anmerkungen von Mirza Abdul Razes. „Es löst Heißhunger und Verstopfung aus, stoppt die Sekretionen außer der Leber, erregt wilde Fantasien, insbesondere ein Gefühl des Aufstiegs, das Vergessen von allem, was während seines Gebrauchs passiert, und eine solche geistige Freude, dass die Betrachter es einer übernatürlichen Inspiration zuschreiben. "."

Mirza Abdul hält Hanf für einen starken Anreger des Gallenflusses und berichtet von Fällen seiner Wirksamkeit bei der Wiederherstellung des Appetits – von seiner Nützlichkeit als äußere Anwendung als Umschlag mit Milch, zur Linderung von Hämorrhoiden und innerlich bei Gonorrhoe . Als Dosis bei Gonorrhoe wird eine viertel Drachme *Bangh in Wasser gegeben* . Er stellt außerdem fest, dass die gewöhnlichen *Gunjah* -Raucher im Allgemeinen an Lungenkrankheiten, Wassersucht und Anasarka sterben, „ebenso sterben die *Majoon* -Esser und die *Sidhee* -Raucher , allerdings zu einem späteren

Zeitpunkt." Die Unerfahrenen sind bei der ersten Einnahme oft einen Tag lang bewusstlos, einige werden verrückt, andere sterben bekanntlich."

Im 35. Kapitel des 5. Bandes von „ Rumphius ' Herbarium Amboinense ", S. 208, Hrsg. Amsterdam . 1695 N. CHR . finden wir einen langen und sehr guten Bericht über den Hanf, illustriert durch zwei ausgezeichnete Tafeln. Der beigefügte Text ist ein Inbegriff von Rumphius ' Artikel:

Rumphius beschreibt zunächst botanisch die männlichen und weiblichen Hanfpflanzen, von denen er zwei bewundernswerte Zeichnungen liefert. Als *Lebensraum* nennt er die oberen Provinzen Indiens und gibt an, dass es in Java und Amboyna kultiviert wird. Dann bemerkt er ganz kurz die beschriebene aufregende Wirkung des Blattes und seiner Mischungen mit Gewürzen, Kampfer und Opium. Er spielt zweifelhaft auf die angebliche aphrodisierende Wirkung an und stellt fest, dass die Art der geistigen Erregung, die es hervorruft, vom Temperament des Konsumenten abhängt. Er zitiert eine Passage aus Galen, lib. ich . (de aliment. facult .), in dem behauptet wird, dass es zu der Zeit dieses großen Schriftstellers üblich war, den Gästen bei Banketten Hanfsamen zu geben, um Heiterkeit und Vergnügen zu fördern. Rumphius fügt hinzu, dass die Mahomedáns in seiner Nachbarschaft häufig nach der männlichen Pflanze aus seinem Garten suchten, um sie an Personen zu verschenken, die an bösartiger Gonorrhoe und Asthma leiden, oder an der Erkrankung, die im Volksmund „Seitenstiche" genannt wird. Er erzählt uns außerdem, dass die pulverisierten Blätter Durchfall hemmen , magenstärkend wirken, die Krankheit namens *Pitao heilen* und die übermäßige Gallensekretion mildern. Er erwähnt die Verwendung von Hanfrauch als Einlauf bei erwürgten Hernien und die Verwendung der Blätter als Gegenmittel gegen Orpimentvergiftungen. Schließlich bemerkt er in den beiden folgenden Kapiteln Hanfsorten, die er *Gunjah Sativa* und *Gunjah nennt Agrestis* .

Im *Hortus Malabaricus ist* Rheedes Artikel über den Hanf lediglich ein Echo der Aussagen von Rumphius .

medizinische Verwendung von Hanf *in Europa* finden konnte , sind das jüngste Werk von Nees v. Esenbeck , aus dem das Folgende ein Auszug ist, der uns freundlicherweise von Dr. Wallich zur Verfügung gestellt wurde :

„Das frische Hanfkraut hat einen sehr starken und unangenehmen narkotischen Geruch und wird im Osten in Kombination mit Opium zur Herstellung berauschender Tränke usw. verwendet. Es ist wahrscheinlich, dass die *Nepenthe* der Alten aus den Blättern dieser Pflanze hergestellt wurde. Viele Ärzte, darunter auch Hahnemann, verschreiben den Weinextrakt bei verschiedenen Nervenerkrankungen, bei denen früher Opium und

Hyoscyamus eingesetzt wurden, da er weniger erhitzend und frei von Bitterkeit ist." [3]

In den Standardwerken zur Materia Medica, zu denen ich Zugang habe, gibt es keine Informationen über die *medizinische Wirkung von Hanf.* Soubeiran , Feé , Merat und de Lens in ihrem bewundernswerten Wörterbuch; Chevalier und Richard, Roques (Phytographie Medizinisch); Ratier und Henry (Französisches Arzneibuch); und das Dictionary of Medical Sciences schweigen zu diesem Thema gleichermaßen.

In „Ainslie's Materia Indica", 2. Band, finden wir drei Hinweise auf diese Pflanze und ihre Zubereitungen.

Auf Seite 39 „ Banghie " (*Tamul*), mit dem Perser und dem Hindu Synonyme für „ Beng " und „ Subjee " werden als berauschendes Getränk beschrieben, das aus den Blättern der *Gunjah-* oder Hanfpflanze zubereitet wird.

Unter der Überschrift „ *Gunjah* " nennt Ainslie zahlreiche Synonyme und erzählt uns, dass die Blätter manchmal bei Durchfall verschrieben werden ; und in Verbindung mit Kurkuma, Zwiebeln und warmem Gingiliaöl werden sie zu einer Salbe für schmerzhafte, hervortretende Hämorrhoiden. Dr. Ainslie gibt auch einen kurzen Überblick über die beliebten Verwendungszwecke und botanischen Eigenschaften der Pflanze.

Majoon schließlich wird von Dr. Ainslie auf Seite 176 als eine Zubereitung aus Zucker, Milch, Ghee, Mohn, Stechapfelblüten, Nux-vomica-Pulver und Zucker beschrieben. Der echte *Majoon* , wie er in Bengalen zubereitet wird, enthält jedoch weder Stechapfel noch Nux vomica. Den Herstellungsprozess habe ich bereits vor mir beschrieben.

Im „Journal de Pharmacie ", der umfassendsten Zeitschrift, die es zu allen pharmazeutischen Themen gibt, finden wir Hanf in mehreren Bänden. Im „Bulletin de Pharmacie ", t. VA 1810, p. 400 finden wir eine kurze Beschreibung von M. Rouyer , Apotheker Napoleons und Mitglied der ägyptischen Wissenschaftskommission, in einem Aufsatz über die Volksheilmittel Ägyptens. Er erzählt uns, dass die Ägypter aus den Blättern und Spitzen, die sie vor der Reife sammeln, eine Konfitüre zubereiten, die als Basis für Berch , Diasmouk *und* Bernaouy *dient* . Zu Pulver zerkleinerte und mit Honig vermischte oder mit Wasser verrührte Hanfblätter bilden den *Berch* der armen Klassen. Das gleiche Werk (Bulletin, Bd. I , S. 523, A. 1809) ENTHÄLT AUCH EINE SEHR KURZE MITTEILUNG ÜBER DIE BERAUSCHENDEN ZUBEREITUNGEN VON HANF, DIE M. DE Sacy im Juli 1809 vor dem Institut de France verlas. M De Sacys anschließende Analyse von Makrizi , die ich skizziert habe, ist jedoch detaillierter als der Artikel im Bulletin.

Professor Royle in seinem bewundernswerten Werk mit dem Titel „Illustrations of the Botany, &c. des Himalaya", S. 334 gibt einen sehr kurzen Hinweis auf die Synonyme und Beinamen des Hanfharzes und erwähnt seine berauschenden Eigenschaften, liefert uns jedoch keine Informationen über seine medizinischen Wirkungen.

Experimente des Autors – Rückschlüsse auf die Wirkung der Droge auf Tiere und Menschen.

Dies war die Menge der vorläufigen Informationen, die mir zur Verfügung standen und die mich bei meinen späteren Versuchen leiten ließen, genauere Kenntnisse über die Wirkung, die Kräfte und die möglichen medizinischen Anwendungen dieses bemerkenswerten Mittels zu erlangen.

Es gab genügend Beweise dafür, dass Hanf in kleinen Dosen eine außerordentliche Fähigkeit besitzt, die Verdauungsorgane zu stimulieren, das Gehirnsystem anzuregen und auch auf den Zeugungsapparat einzuwirken. Die historischen Aussagen zeigten wiederum, dass größere Dosen Bewusstlosigkeit hervorrufen oder als starkes Beruhigungsmittel wirken. Der Einfluss des Medikaments auf die Schmerzlinderung war in allen erwähnten Memoiren gleichermaßen deutlich. Was die bösen Folgen anbelangt , auf die sich alle Autoren einhellig berufen, so erschienen mir diese nicht so zahlreich, so unmittelbar oder so furchtbar wie viele, die eindeutig auf den übermäßigen Genuss anderer starker Stimulanzien oder Betäubungsmittel – nämlich Alkohol – zurückzuführen sind , Opium oder Tabak.

Die Dosis, in der die Hanfpräparate verabreicht werden durften, war natürlich eines der ersten Untersuchungsobjekte. Ibn Beitar hatte ein *Direm* oder achtundvierzig Körner Churrus *erwähnt* ; aber diese Dosis erschien mir so enorm, dass ich es für zweckmäßig hielt, mit viel geringeren Mengen vorzugehen. Wie glücklich diese Vorsicht war, wird die Fortsetzung hinreichend deutlich machen.

Zunächst wurde eine umfangreiche Reihe von Tierversuchen durchgeführt, unter denen folgende genannt werden können:

Erw. 1. – Zehn Körner Nipalese In Spiritus aufgelöste *Churrus* wurden einem mittelgroßen Hund verabreicht. Nach einer halben Stunde wurde er dumm und schläfrig, döste hin und wieder ein, fuhr hoch und wedelte mit dem Schwanz, als wäre er äußerst zufrieden; er aß gierig etwas; Als er zu sich gerufen wurde, taumelte er hin und her , und sein Gesicht nahm den Ausdruck völliger und hilfloser Trunkenheit an. Diese Symptome hielten etwa zwei Stunden an und verschwanden dann allmählich; In sechs Stunden war er vollkommen gesund und munter.

Erw. 2. – Eine Drachme *Majoon* wurde einem kleinen Hund gegeben; er aß es mit großer Freude und war nach zwanzig Minuten lächerlich betrunken;

Innerhalb von vier Stunden verschwanden seine Symptome, ebenfalls ohne Schaden.

Erwartet . 3, 4 und 5. – Drei Kinder hatten jeweils zehn Körner des alkoholischen *Gunjah -Extrakts* . In einem Fall wurde keine Wirkung erzielt; im zweiten Fall herrschte große Schwere und eine gewisse Unfähigkeit, sich zu bewegen; im dritten Fall war eine deutliche Kompetenzveränderung auffällig, aber keine weitere Auswirkung.

Erw. 6. Einem sehr kleinen Hund wurden zwanzig Körner, in etwas Spiritus aufgelöst, verabreicht. Nach einer Viertelstunde war er betrunken; nach einer halben Stunde hatte er große Bewegungsschwierigkeiten; innerhalb einer Stunde hatte er jegliche Kraft über die behindernden Gliedmaßen verloren, die ziemlich steif, aber flexibel waren; Die Sensibilität schien nicht beeinträchtigt zu sein und die Durchblutung war normal. Er reagierte bereitwillig auf Anrufe und versuchte aufzustehen. In vier Stunden ging es ihm ganz gut.

In keinem dieser oder mehreren anderen Experimenten gab es auch nur den geringsten Hinweis auf Schmerzen oder irgendeinen Grad krampfhafter Bewegung.

Es scheint unnötig, auf die Einzelheiten jedes Experiments näher einzugehen; Es genügt zu sagen, dass sie zu einem bemerkenswerten Ergebnis führten: Während fleischfressende Tiere und Fische, Hunde, Katzen, Schweine, Geier, Krähen und Adjutanten ausnahmslos die berauschende Wirkung der Droge zeigten, grasfressende Tiere wie das Pferd [4] Hirsche, Affen, Ziegen, Schafe und Kühe hatten bei jeder von uns verabreichten Dosis nur geringfügige Auswirkungen.

Ermutigt durch diese Ergebnisse konnte man kein Bedenken hinsichtlich der vollkommenen Sicherheit verspüren, das Hanfharz in den Fällen, in denen seine scheinbaren Kräfte den größten Nutzen versprachen, einem ausführlichen Versuch zu unterziehen.

Mit Hanf behandelte Fälle von Rheuma. Katalepsie, erzeugt durch ein Korn.

Die ersten ausgewählten Fälle waren zwei Fälle von akutem Rheuma und einer dieser Erkrankungen in chronischer Form, die bei Patienten im Klinischen Krankenhaus der Medizinischen Hochschule auftraten. In den beiden ersteren hatte ein fairer Versuch mit antiphlogistischen Maßnahmen und mit Dover-Pulver mit Antimonmitteln nur wenig Erleichterung gebracht ; im letzten Fall hatte man es zuerst mit Sarsaparilla und später mit Hemidesmus indicus mit warmen Bädern versucht, ohne Erfolg.

Am 6. November 1838 wurde jedem dieser drei Patienten um zwei Uhr nachmittags ein Korn Hanfharz in Lösung verabreicht.

Um 16 Uhr wurde berichtet, dass einer von ihnen sehr gesprächig wurde, Lieder sang, laut nach einer Extraportion Essen rief und erklärte, dass er vollkommen gesund sei. Die beiden anderen Patienten blieben unbeeinträchtigt.

Um 18 Uhr erhielt ich eine Meldung mit dem gleichen Inhalt, allerdings mit der Aussage, dass der erste Patient inzwischen eingeschlafen sei.

Um acht Uhr nachmittags wurde ich durch eine Nachricht von Nobinchunder alarmiert Mitter , der diensthabende klinische Angestellte, wünschte meine sofortige Aufnahme ins Krankenhaus, da die Symptome des Patienten sehr eigenartig und schwerwiegend waren. Ich ging unverzüglich ins Krankenhaus und fand ihn völlig bewusstlos auf seinem Feldbett liegend, aber mit vollkommener Regelmäßigkeit atmend, sein Puls und seine Haut waren natürlich, und die Pupillen kontrahierten bei Annäherung an das Licht frei.

Beunruhigt und unbeschreiblich gequält über diesen Zustand eilte ich zu den anderen Patienten – fand einen schlafend, den dritten wach, intelligent und frei von jeglichen Vergiftungs- oder Alarmsymptomen.

Als ich dann zum ersten zurückkehrte, wurde mir gesagt, dass ein Brechmittel vorbereitet werden sollte, und während ich darauf wartete, hob ich zufällig den Arm des Patienten hoch. Der professionelle Leser wird mein Erstaunen beurteilen, als ich feststellte, dass es in der Haltung blieb, in der ich es platzierte. Es bedurfte nur einer sehr kurzen Untersuchung der Gliedmaßen, um festzustellen, dass der Patient durch den Einfluss dieses Narkotikums in diesen seltsamen und außergewöhnlichsten aller Nervenzustände geraten war, in den Zustand, den so wenige gesehen haben und dessen Existenz so sehr ist Viele diskreditieren immer noch – die echte *Katalepsie* des Nosologen.

Ich hatte vor Jahren das Glück, zwei eindeutige Fälle dieser Störung miterleben zu dürfen. Eine davon ereignete sich in der Frauenklinik in Edinburgh unter der Behandlung von Dr. Duncan und wurde 1828 von mir selbst für die „Lancet" berichtet. Die zweite ereignete sich 1831 bei einer Familie, mit der ich in London lebte . Dieser Fall wurde von Dr. Silver, Herrn G. Mills und mehreren anderen professionellen Freunden bezeugt. In beiden Fällen stellte sich der kataleptische Zustand in völliger Vollkommenheit ein, und in beiden Fällen hörte der Paroxysmus plötzlich auf, ohne dass es zu schlimmen Folgen kam.

Um zu unserem Patienten zurückzukehren; Wir brachten ihn in eine sitzende Haltung und brachten seine Arme und Gliedmaßen in jede erdenkliche Haltung. Eine Wachsfigur könnte nicht in jeder Position faltbarer oder stationärer sein, egal wie entgegen dem natürlichen Einfluss der Schwerkraft auf das Teil.

Gegenüber allen Eindrücken war er mittlerweile fast unempfindlich; er machte keine Anstalten, Fragen zu verstehen; konnte nicht geweckt werden. Ein Sinapismus im Epigastrium verursachte keine Anzeichen von Schmerzen. Der Pharynx und seine Koadjutormuskeln agierten frei beim Schlucken der stimulierenden Mittel, deren Verabreichung ich für ratsam hielt, obwohl mich der manifeste kataleptische Zustand völlig von der Angst befreit hatte, unter der ich zuvor gelitten hatte.

Der zweite Patient war inzwischen durch den Lärm auf der Station geweckt worden und schien über das seltsame Aussehen und die statuarische Haltung, in die der erste Patient gebracht worden war, außerordentlich amüsiert zu sein, als er plötzlich ein lautes Gelächter ausstieß, und rief aus, dass „vier Geister mit seinem Bett in die Luft sprangen". Vergeblich versuchten wir, ihn zu beruhigen; sein Lachen wurde für einen Moment immer unkontrollierbarer. Wir stellten nun fest, dass die Gliedmaßen ziemlich steif waren und dass seine Arme oder Beine nach wenigen Minuten gebogen werden konnten und in jeder gewünschten Position blieben. Sofort wurde ein stark stimulierendes Getränk verabreicht und ein Sinapismus angewendet. Über Letzteres beklagte er sich nicht, aber seine Trunkenheit führte dazu, dass er so laut ausrief, dass wir ihn in ein separates Zimmer bringen mussten; hier wurde er bald ruhig, seine Glieder erlangten in weniger als einer Stunde ihren natürlichen Zustand, und nach zwei Stunden stellte er dar, dass er völlig gesund und übermäßig hungrig sei.

Der erste Patient blieb bis ein Uhr morgens kataleptisch, als das Bewusstsein und die willkürliche Bewegung schnell zurückkehrten, und um zwei Uhr morgens befand er sich genau in demselben Zustand wie der zweite Patient.

Der dritte Mann verspürte überhaupt keine Wirkung, und bei weiteren Nachforschungen stellte sich heraus, dass er an die Verwendung von *Gunjah* in der Pfeife gewöhnt war.

Am folgenden Tag stellte ich mit großer Freude fest, dass die beiden oben genannten Personen nicht nur durch das Narkotikum unverletzt waren, sondern auch von ihrem Rheumatismus weitestgehend befreit waren; Drei Tage später wurden sie vollständig geheilt entlassen.

Der vierte Fall des Prozesses war ein alter, muskulöser Cooley , ein rheumatischer Simulant, dem ein halbes Korn Hanfharz in etwas Spiritus verabreicht wurde. Der Bericht des ersten Tages wird für alle genügen: – In zwei Stunden wurde der alte Herr gesprächig und musikalisch, erzählte mehrere Geschichten und sang Lieder vor einem Kreis höchst erfreuter Zuhörer, aß die Abendessen von zwei Personen, die für ihn auf der Station abonniert waren, suchte auch für andere Luxusgüter, auf die wir kaum hinzuweisen wagen – und schlief schließlich tief und fest ein, und so fuhr er bis zum nächsten Morgen fort. Beim Mittagsbesuch zeigte er, dass er keine Kopfschmerzen oder andere unangenehme Folgen hatte, und bettelte fleißig um eine Wiederholung der Medizin, die man ihm einige Tage lang gönnte und die er dann entlassen konnte.

In mehreren Fällen von akutem und chronischem Rheumatismus, die zu dieser Zeit bekannt wurden, wurden halbe Korndosen des Harzes verabreicht, mit nahezu analogen Wirkungen; Linderung der Schmerzen bei den meisten, bemerkenswerte Steigerung des Appetits bei allen, eindeutige Aphrodisie und große geistige Fröhlichkeit. In keinem Fall führten diese Effekte zu einem Delirium, oder es bestand eine Tendenz zum Streit. Die Stimmung war bei allen gleich und bei keinem traten Kopfschmerzen oder Magenbeschwerden als Folge der Erregung auf.

Fall von Hydrophobie.

Nun ereignete sich ein Fall, in dem der Einfluss eines Narkotikums, das entweder aufzuheitern oder harmlose Gefühllosigkeit hervorzurufen vermochte, für den unglücklichen Patienten mit Segen verbunden war.

Am 22. November um acht Uhr morgens überreichte mir mein Diener eine Nachricht auf Englisch, in der er meine Unterstützung für den Hakim Abdullah anmeldete, der damals an meiner Tür stand und drei Wochen zuvor von einem tollwütigen Hund gebissen worden war und Angst hatte dass die schlimmen Folgen des Bisses bereits begonnen hatten. Ich fand den armen Mann in einer Kutsche; Er war völlig gefasst, obwohl er von der Verzweiflung seines Falles überzeugt war. Er erzählte mir, dass er am Abend zuvor, als er in der Nähe eines Tanks vorbeikam, erschrocken zusammenfuhr und seitdem keine Flüssigkeit mehr schlucken konnte. Sein Blick war unruhig, misstrauisch und wild; seine Gesichtszüge waren ängstlich; sein Puls 125; seine Haut war von kalter Feuchtigkeit durchnässt; Dennoch gab er an, dass er sich Essen wünsche und sich wohl fühle. Am linken Unterarm befand sich eine kleine rote und schmerzhafte Narbe.

Er wurde sofort ins Krankenhaus gebracht, wo ich ihn begleitete. Auf seinen eigenen Wunsch hin wurde Wasser in ein Metallgefäß gebracht, das er ergriff und an seine Lippen brachte; Nie kann ich die unbeschreiblichen Schrecken des Anfalls vergessen, der darauf folgte. Nach etwa drei Minuten ließ es nach, und der krankhafte Durst trieb den unglücklichen Mann noch immer an. Er brauchte seinen Diener, um ihm ein angefeuchtetes Tuch auf die Lippen zu legen. Klug und mutig wartete er zielstrebig auf den Kontakt des Tuches und ließ einige Sekunden lang, wenn auch in entsetzlicher Qual, zu, dass ein paar Tropfen auf seine Zunge tropften; Doch dann folgte ein zweiter Kampf, über den ich angesichts der Gefühllosigkeit meines Berufes nicht nachdenken konnte.

zwei Körner Hanfharz in einer weichen Pillenmasse bestellt; nach der dritten Dosis gab er an, dass er eine beginnende Vergiftung verspürte; Er plauderte nun fröhlich über seinen Fall und zeigte große Intelligenz und Erfahrung in der Behandlung der Krankheit, an der er litt. Er sprach ruhig vom Trinken, sagte aber, es sei vergeblich, es zu versuchen – aber er könne eine Orange lutschen; Dies wurde ihm gebracht, und es gelang ihm, den Saft ohne Schwierigkeiten zu schlucken.

Die Hanfeinnahme wurde bis zur sechsten Dosis fortgesetzt, dann schlief er ein und hatte ein paar Stunden Ruhe. Früh am nächsten Morgen wurde jedoch Mr. Siddons, mein Assistent, zu ihm gerufen und fand ihn in einem Zustand stürmischer Qual und Aufregung; Von Durst gequält versuchte er zu trinken; aber ich werde dem Leser die Einzelheiten der Schrecken, die darauf folgten, ersparen.

Der Hanf wurde noch einmal wiederholt; und bei der dritten Dosis war wieder die freudige Erleichterung des Vortages zu spüren. Er aß ein Stück Zuckerrohr und schluckte noch einmal den Saft; er aß großzügig etwas angefeuchteten Reis und ließ zu, dass ihm ein abführender Einlauf verabreicht wurde; sein Puls war nahezu natürlich; die Haut in jeder Hinsicht natürlich; sein Gesichtsausdruck war glücklich. Nur bei *einem* Thema war er unklar, und selbst hier zeigte sich der starke und eigenartige Einfluss des Narkotikums. Er sprach entzückt von den Damen seiner *Zenana* und seiner Sehnsucht, mit ihnen zusammen zu sein. Wir stellten jedoch fest, dass er keine solche Einrichtung hatte.

So vergingen vier Tage , während die Hanfdosen fortgesetzt wurden. Als er einschlief, kehrten die Anfälle beim Aufwachen wieder zurück, ließen aber wie am Anfang fast sofort nach. In der Zwischenzeit wurden abführende Einläufe eingesetzt, und er nahm reichlich feste Nahrung zu sich und trank einmal Wasser, ohne im geringsten zu leiden. Doch gegen drei Uhr nachmittags des fünften Tages verfiel er in eine tiefe Benommenheit, sein Atem war leicht röchelnd; In diesem Zustand blieb er bestehen, und ohne weiteren Kampf beendete der Tod seine Leiden am 27. November um vier Uhr morgens.

Wenn man sich die vorangehende Zusammenfassung dieses interessanten Falles anschaut, scheint es offensichtlich, dass durch die Verwendung des Mittels mindestens ein Vorteil erzielt wurde – die schreckliche Krankheit wurde ihrer Schrecken beraubt; Wenn auch nicht weniger tödlich als zuvor, wurde es doch auf ein geringeres Ausmaß an Leiden reduziert, das dem Tod durch die meisten gewöhnlichen Krankheiten vorausgeht. Es muss auch daran erinnert werden, dass ich in diesem ersten Fall, der jemals so behandelt wurde, über keine Daten verfügte, die mich hinsichtlich der Dosis oder Art der Verabreichung des Arzneimittels hätten leiten können. Die in der Folge beschriebenen bemerkenswerten Fälle von Tetanus werfen Licht auf diese wichtigen Punkte und werden in zukünftigen Fällen dazu führen, dass ohne zu zögern viel größere Mengen verabreicht werden, als ich zunächst zu verwenden wagte . Ich bin jedoch nicht voreilig genug, der Hoffnung nachzugeben, die sich mir unwillkürlich aufdrängt, dass wir aus diesem Narkotikum jemals ein wirksames Heilmittel für auch nur einen einzigen Fall dieser Krankheit ableiten können; Aber neben der Heilung wird der Arzt vielleicht die Mittel schätzen, die es ihm ermöglichen, „ den Weg zum Grab mit Blumen zu bestreuen “ und die schrecklichste Krankheit, der die Menschheit ausgesetzt ist, von ihren *besonderen Schrecken zu befreien.*

Während der vorhergehende Fall behandelt wurde und in der Schule großes Interesse erregte, begannen mehrere Schüler mit Selbstversuchen, um die Wirkung der Droge festzustellen. Insgesamt wurde vor der Einnahme einer Dosis der Zustand des Pulses notiert und anschließend die Wirkung von zwei Schülern mit hoher Intelligenz beobachtet. Das Ergebnis mehrerer Versuche war, dass bereits bei kleinen Dosen von einem Viertelkorn der Puls an Fülle und Häufigkeit zunahm; die Oberfläche des Körpers glühte; der Appetit wurde außergewöhnlich; lebhafte Ideen erfüllten den Geist; ungewöhnliche Geschwätzigkeit trat auf; und mit kaum einer Ausnahme wurde eine große Aphrodisie erlebt.

Bei einem Schüler, Dinonath Dhur , ein zurückhaltender Junge mit hervorragenden Gewohnheiten, löste zehn Tropfen der Tinktur, entsprechend einem Viertelkorn Harz, in zwanzig Minuten die amüsantesten Wirkungen aus, die ich je gesehen habe. Ein lautes Gelächter löste die Symptome aus, und für zwei oder drei Minuten trat ein vorübergehender Zustand kataleptischer Starre auf. Als wir aufgefordert wurden, die Auswirkungen mitzuerleben, fanden wir ihn dabei, wie er die Rolle eines Rajah ausführte, der seinen Maklern Befehle erteilte; er konnte keinen seiner Kommilitonen oder Bekannten erkennen ; alles schien ihm so verändert zu sein wie sein eigener Zustand; er sprach davon, dass seit der Zeit seines Schülers viele Jahre vergangen seien; beschrieb seine Lehrer und Freunde mit einer Schärfe, um die ein Dramatiker beneiden würde; detailliert die Abenteuer einer imaginären Reihe von Jahren, seine Reisen, seine Erlangung von Reichtum und Macht; Er beteiligte sich mit erstaunlicher Beredsamkeit an Diskussionen über religiöse, wissenschaftliche und politische Themen und offenbarte ein Ausmaß an Wissen, Gelesenheit und einem treffenden Witz, auf das diejenigen, die ihn am besten kannten, völlig unvorbereitet waren. Drei Stunden lang und länger behielt er den Charakter bei, den er zunächst angenommen hatte, und zwar mit einem Maß an Leichtigkeit und Würde, das seiner hohen Position vollkommen entsprach. Eine interessantere Szene kann man sich kaum vorstellen. Es endete fast so plötzlich, wie es begonnen hatte, und keine Kopfschmerzen, Übelkeit oder andere unangenehme Symptome folgten dem unschuldigen Übermaß.

In den oben beschriebenen Symptomen werden wir unweigerlich dazu geführt, eine große Ähnlichkeit mit den Wirkungen zu erkennen, die durch die angebliche Inspiration der Delphischen Orakel hervorgerufen wurden; Vielleicht wäre es nicht sehr falsch, daraus zu schließen, dass es sich um dieselbe Art von Aufregung handelte .

Einsatz bei Cholera.

Da zu dieser Zeit eine Cholera-Epidemie vorherrschte, verabreichten zwei der Studenten in mehreren Fällen dieser Krankheit die Hanftinktur, und es wurde täglich über Heilungen aufgrund ihrer angeblichen Wirksamkeit berichtet. Dr. Goodeve wurde dadurch veranlasst, es in mehreren Fällen zu versuchen, und sein Bericht war im höchsten Maße positiv. Der Durchfall wurde in jedem Fall unterdrückt und die stimulierende Wirkung des Arzneimittels zeigte sich deutlich. Der Durwan des Colleges, ein athletischer Rajpoot, wurde angegriffen und kam in meine Behandlung, nachdem er sieben Stunden krank gewesen war; Er war pulslos, kalt und in einem Zustand unmittelbarer Gefahr, und die charakteristischen Evakuierungen strömten mühelos von ihm aus. Ein halbes Korn Hanfharz wurde verabreicht, und nach zwanzig Minuten kehrte der Puls zurück, die Haut wurde warm, die Entschlackung hörte auf und er schlief ein. Nach einer Stunde war er kataleptisch und hielt mehrere Stunden lang an. Am Morgen war er vollkommen gesund und wie gewohnt im Dienst.

Man kann jedoch mit Fug und Recht sagen, dass die Epidemie zu diesem Zeitpunkt keinen bösartigen Charakter hatte. Ich gebe zu, dass die Fälle nicht schlüssig sind, aber ich halte sie für vielversprechend und sie verdienen die gebührende Aufmerksamkeit des Praktikers.

Seit diese Passage im Jahr 1838 geschrieben wurde, wurde die Hanftinktur in zahlreichen europäischen und einheimischen Fällen im Krankenhaus der Medizinischen Hochschule verwendet. Ich kenne kein gleichwertiges Mittel als allgemeines und anhaltendes Stimulans, wenn es *Europäern* im beherrschbaren Stadium dieser Krankheit in Dosen von halben Drachmen verabreicht wird. Ich habe den Impuls und die Wärmerückführung sowie die Spülung mit einer einzigen Dosis überprüft. Es lindert das Erbrechen viel sicherer als die Opiumpräparate und es ist auch nicht wahrscheinlicher als bei diesen, dass es beim Aufhören der Cholera-Symptome zu einer Gehirnstauung kommt. Die aufheiternde Wirkung auf die Stimmung des Patienten ist nicht der letzte Vorteil, den dieses Mittel mit sich bringt.

In *einheimischen* Fällen wurde ein viel geringerer Vorteil erzielt; Fast alle Patienten dieser Klasse waren alte Gunjah- Raucher.

Anwendung bei Tetanus.

Ich stelle mir nun eine Klasse äußerst wichtiger Fälle vor, in denen die erzielten Ergebnisse derart sind, dass ich davon ausgehen kann, dass die Wirksamkeit des Rechtsmittels zufriedenstellend und unwiderlegbar nachgewiesen ist. Ich beziehe mich auf seine Verwendung bei der Behandlung von traumatischem *Tetanus* oder Kiefersperre, neben Hydrophobie, vielleicht der hartnäckigsten und quälendsten Krankheit im gesamten Katalog menschlicher Krankheiten.

Der erste Fall dieser Krankheit, der mit Hanf behandelt wurde, war der 30-jährige Ramjan Khan, der am 13. Dezember 1838 wegen eines abblätternden Geschwürs auf dem linken Handrücken in das College-Krankenhaus eingeliefert wurde. Fünf Tage zuvor hatte ein einheimischer Empiriker einen glühenden *Gool* (die Mischung aus Holzkohle und Tabak, die in der Wasserpfeife verwendet wird) auf die Rückseite des linken Handgelenks aufgetragen, als Heilmittel gegen chronische Ruhr und Milz. Der Bruder des Patienten wurde am selben Tag ebenfalls kauterisiert . In beiden Fällen erfolgte die Abtragung bis auf die Sehnen. Am 24. Dezember traten Tetanussymptome auf. Der Bruder, der sich geweigert hatte, europäische Hilfe in Anspruch zu nehmen, war vier Tage zuvor in seinem eigenen Haus an Tetanus erkrankt und verstarb nach dreitägiger Krankheit. Am 26. Dezember setzten Krämpfe ein, die in Abständen von einigen Minuten wiederkehrten; Die Bauch-, Nacken- und Kiefermuskulatur wurde fest und dauerhaft angespannt. Nachdem ihm mehrere Stunden lang große Dosen Opium mit Kalomel verabreicht worden waren, ohne dass die Symptome auch nur im Geringsten gelindert worden waren, und nachdem sein Fall nach Rücksprache für völlig hoffnungslos erklärt worden war, erhielt ich von Herrn Egerton die Erlaubnis, den armen Mann dem Versuch mit dem Hanfharz zu unterziehen. Um halb zwei wurden zunächst zwei Körner gegeben, aufgelöst in etwas Spiritus. Nach einer halben Stunde wurde dem Patienten schwindelig; Um fünf Uhr nachmittags waren seine Augen geschlossen, er fühlte sich schläfrig und äußerte sich stark betrunken.

In der Nacht schlief er ab und zu, doch beim Aufwachen bekam er Krampfanfälle.

Am 27. wurden alle drei Stunden zwei Körner verabreicht (es wurde auch ein abführender Einlauf verabreicht, der dreimal wirkte); die Steifheit der Muskeln ließ gegen Abend viel nach, aber die Krämpfe kehrten in Abständen wie zuvor zurück; Puls und Haut natürlich.

28. Verbessert; ist lethargisch, aber intelligent; Gelegentlich treten Krämpfe auf, jedoch in viel längeren Abständen und in geringerem Ausmaß.

29. Die Hanfdosis wurde jede zweite Stunde auf drei Körner erhöht. Abschwächung der Symptome.

30. Stark betrunken; weiter verbessern.

1. Januar 1839. Ein Hanfkataplasma wird auf das Geschwür aufgetragen und die innere Anwendung des Heilmittels wird fortgesetzt. Gegen Abend wurde es deutlich besser; triviale Krämpfe; keine dauerhafte Starrheit; hatte zwei *dysenterische Stühle ausgeschieden* .

2. Morgenbericht: Hatte eine gute Nacht verbracht und schien viel besser zu sein. Abendbericht: Bemerkenswert gut.

3, 4 und 5. Weiter verbessern. Hanfharz in zwei Körnern jede fünfte Stunde.

6. Fünf Uhr nachmittags – fiebrig; heiße Haut; Puls schnell; alle tetanischen Symptome verschwunden; Ausscheiden von schleimigem und blutigem Stuhl. Blutegel am Bauch; alle zwei Stunden ein Stärke-Opium-Einlauf mit drei Körnern Bleiacetat; lauwarme Reinigung des Körpers; Hanf weggelassen.

7. Sechs Uhr morgens – immer noch Fieber; häufiger Stuhlgang, schleimig; Druckempfindlicher Bauch; kein Appetit; das Geschwür schorfig, ausgefranst und übelriechend. Opium und Bleiacetat gingen weiter; ausgebluteter Bauch; Wunde mit Wasser anfeuchten. Mittags kam es zu einer leichten Steifheit der Bauchmuskulatur. Hanf zusammengefasst. Um drei Uhr nachmittags wurde er betrunken und hungrig; Geschwür extrem trocken, faulig und abscheulich stinkend ; gegen Abend hörte die Starre auf. Hanf wurde eingestellt.

Von diesem Tag an kann davon ausgegangen werden, dass der Tetanus gänzlich aufgehört hatte, aber die Ruhrsymptome blieben bestehen, trotz der Verwendung von Opium und Bleiacetat; Auch das Geschwür erwies sich als völlig unheilbar. Eine gewisse Besserung der Ruhrsymptome trat vom 10. bis zum 15. auf, wenn natürlicher Stuhlgang erfolgte. Er schien an Kraft zu gewinnen, aber die Wunde besserte sich in keiner Weise; der Belag hingegen drohte sich auszubreiten, und zwei Mittelhandknochen lagen lose in der Mitte der Wunde; Nach Rücksprache einigte man sich auf eine Amputation des Arms, der Patient lehnte dies jedoch entschieden ab. Die Demütigung breitete sich nun rasch aus, und zu unserem unendlichen Bedauern starb er in der Nacht des 23. Januar an Erschöpfung.

Eine unvoreingenommene Betrachtung der vorstehenden Einzelheiten bringt die beruhigende Wirkung des Mittels ins beste Licht; und obwohl der Patient starb, muss man bedenken, dass es sich um eine andere Krankheit handelte, bei der man nicht annimmt, dass Hanf die geringste Wirkung besitzt.

Der *zweite* Fall war der von Chunoo Syce (behandelt von Mr. O'Brien im Native Hospital), bei dem am 11. Dezember nach einer Verletzung durch einen Pferdetritt Tetanus auftrat. Nach einem wirkungslosen Versuch mit Terpentin und Rizinusöl in großen Dosen wurden am 16. Dezember zwei Körnerdosen Hanfharz verabreicht. Er verzehrte alle 134 Körner des Harzes und verließ das Krankenhaus geheilt am 28. Dezember.

Dritter Fall. – Huroo , eine 25-jährige Frau, wurde am 16. Dezember in das Native Hospital eingeliefert; hatte in den drei Tagen davor Tetanus, die Folge einer Schnittwunde am linken Ellenbogen, die er sich vierzehn Tage zuvor zugezogen hatte. Schwere Symptome bei der Aufnahme. Wiederholte Gabe von Terpentin und Rizinusöl ohne Wirkung; Am 16. und 17. wurden vor dem Schlafengehen drei Körner Hanfharz verabreicht. Am Morgen des 18. wurde sie in einem Zustand völliger Katalepsie aufgefunden und blieb so bis zum Abend, als sie empfindlich wurde und erneut ein tetanischer Anfall auftrat. Hanf wurde wieder aufgenommen, und zwar alle vier Stunden in zwei Getreidedosen. Anschließend nahm sie zweimal täglich ein Korn ein, bis sie am 8. Februar offenbar ganz gesund das Krankenhaus verließ.

Herr O'Brien hat das Hanfharz seitdem in fünf Fällen verwendet, von denen vier in völlig hoffnungslosem Zustand eingeliefert wurden. Er verwendete das Mittel in *Dosen von zehn Körnern,* gelöst in Spiritus. Den Effekt beschreibt er als nahezu sofortige Entspannung der Muskulatur und Unterbrechung der Krampfneigung. Von Herrn O'Briens sieben Fällen sind vier genesen.

Im Polizeikrankenhaus von Kalkutta hat der verstorbene Dr. Bain das Mittel in drei Fällen von traumatischem Tetanus angewendet, von denen einer gestorben ist und zwei genesen sind.

Ein sehr bemerkenswerter Fall ereignete sich kürzlich in der Praxis meines Cousins, Herrn Richard O'Shaughnessy. Der Patient war ein 30-jähriger Jude, der im Verlauf einer fortschreitenden Wundheilung im Hodensack, der Folge einer vernachlässigten Hydrozele, an Tetanus erkrankte. Alle zwei Stunden wurden drei Dosen Getreide eingenommen, was zu einer Vergiftung führte und die Symptome unterdrückte. Der Patient hat sich vollkommen erholt und erfreut sich nun bester Gesundheit.

Außer den vorangegangenen Fällen habe ich von zwei Fällen von puerperalem Trismus gehört, die bei einheimischen Frauen behandelt wurden. Beide endeten tödlich, ein Ereignis, das das Heilmittel nicht in Misskredit bringen kann, wenn man bedenkt, dass die einheimischen Hindu-Frauen aller Stände während und nach ihrer Gefangenschaft in eine Zelle gesteckt werden, in der große Holzscheite ständig angezündet aufbewahrt

werden. Ich habe herausgefunden, dass die Temperatur dieser Höhlen 120°
Fahrenheit übersteigt.

Ein merkwürdiger Zufallsbeweis für den Wert von Hanf in diesen Fällen ist
mir erst kürzlich aufgefallen. Im Anhang zu Sir James Murrays „Medical
Essays", S. 16, datiert Dublin 1837, findet sich die folgende Passage:
„Nachdem er den Inhalt dieser Seiten (Sir James' Werk) an meinen Bruder,
damals Hilfschirurg der 60. Rifles, am Kap der Guten Hoffnung geschrieben
hatte, erwähnte er, dass es sich um eine Pflanze handelte." Der an der
Ostküste Afrikas wachsende Wildhanf namens Dyka wird von den
Einheimischen zu diesem Zweck verwendet (zur Linderung von
Wochenbettkrämpfen), und alle, Männer und Frauen, rauchen ihn, um
vollkommene Entspannung und Linderung zu *erzielen* von Schmerzen und
Krämpfen jeglicher Art während seiner entspannenden Wirkung."

Die vorstehenden Tatsachen werden dem professionellen Leser mit
unverhohlener Zurückhaltung gegenüber den Schlussfolgerungen dargelegt,
die ich aus ihrer Betrachtung ziehen möchte. Für mich scheinen sie eindeutig
zu zeigen, dass das Hanfharz, wenn es kühn und in großen Dosen verabreicht
wird, das Fortschreiten dieser schrecklichen Krankheit wirksam aufhalten
und in einem großen Teil der Fälle eine perfekte Heilung herbeiführen kann.

Die Tatsachen rechtfertigen zumindest die Hoffnung, dass die Wirksamkeit
des Arzneimittels in der Vielzahl dieser entsetzlichen Fälle, die in allen
indischen Krankenhäusern auftreten, umfassend und streng auf die Probe
gestellt werden kann.

Herren Hughes und Templar, bedeutende Tierärzte aus Kalkutta, haben das
Hanfharz in fünf Fällen von Pferden verwendet, die an Tetanus litten; von
diesen drei haben sich erholt. Dr. Sawyers von der Ärztekammer hat ein
ähnlich betroffenes Pony geheilt.

Dr. Esdaile und Macrae haben den Hanf mit Erfolg eingesetzt; Ersteres bei
Tetanus; letzteres in einem von Krämpfen aufgrund einer Neuralgie des
Hodens, der jedem anderen Heilmittel widerstanden hatte und für den die
Entfernung des Organs beschlossen worden war. In der „London Medical
Gazette" berichtet Herr Lewis über einen Fall von Tetanus, bei dem Hanf
mit großer Linderung der Symptome eingesetzt wurde, obwohl er keine
Heilung bewirkte.

Fall von kindlichen Krämpfen.

Kürzlich ist in meiner Privatpraxis ein sehr interessanter Fall dieser
Krankheit aufgetreten, dessen Einzelheiten ich mit Erlaubnis der Familie in
diesen Aufsatz einfügen darf.

Ein weiblicher Säugling, vierzig Tage alt, das Kind von Herrn und Frau. JL aus Kalkutta hatte am 10. September einen leichten Krampfanfall, der etwa zwei Wochen lang hauptsächlich nachts auftrat und gegen den die üblichen Abführmittel – warme Bäder und ein paar Dosen Kalomel und Kreide – ohne Wirkung verabreicht wurden. Am 23. wurden die Krampfanfälle sehr heftig, und da der Darm nur wenig gestört war, wurden zwei Blutegel auf den Kopf aufgetragen. Bis zum 30. September wurde abwechselnd auf Blutegel, Abführmittel und Opiate zurückgegriffen, ohne den geringsten Nutzen.

An diesem Tag hielten die Anfälle fast ununterbrochen an und liefen auf regelmäßige tetanische Anfälle hinaus. Darüber hinaus hatte das Kind keinen Appetit mehr und war stark abgemagert. [5]

Zu diesem Zeitpunkt hatte ich alle üblichen Behandlungsmethoden ausgeschöpft und das Kind befand sich offenbar in einem sinkenden Zustand.

Unter diesen Umständen teilte ich den Eltern die Ergebnisse der Experimente mit, die ich mit dem Hanf gemacht hatte, und meine Überzeugung, dass es ihrem Kind Linderung verschaffen würde, wenn überhaupt eine Linderung erreicht werden könnte.

Sie stimmten dem Versuch gerne zu, und um zehn Uhr nachmittags wurde ein einzelner Tropfen der Spirituosentinktur, der einem Zwanzigstel eines Extraktkorns entsprach, auf die Zunge des Kindes gegeben. Es war keine unmittelbare Wirkung wahrnehmbar, und nach einer Stunde und mehr Es wurden noch eineinhalb Tropfen mehr gegeben. Das Kind schlief nach wenigen Minuten ein und schlief fest bis vier Uhr nachmittags, als es aufwachte, nach Essen schrie, *die Brust frei nahm* und wieder einschlief. Am 1. Oktober um neun Uhr morgens fand ich das Kind fest schlafend, aber leicht zu wecken; Puls, Gesichtsausdruck und Haut vollkommen natürlich. In diesem schläfrigen Zustand blieb sie vier Tage lang völlig frei von jeglichen Krampfsymptomen. Während dieser Zeit kam es häufig zu einer spontanen Entlastung des Darms und der Appetit kehrte zu seinem natürlichen Ausmaß zurück.

4. Oktober. Um ein Uhr morgens kehrten die Krämpfe zurück und hielten in Abständen während des Tages an; Fünf Tropfen der Tinktur wurden stündlich verabreicht. Bis Mitternacht gab es dreißig Anfälle, und vierundvierzig Tropfen der Hanftinktur wurden wirkungslos verabreicht.

5. Die Anfälle hielten während der Nacht an. Um elf Uhr morgens wurde festgestellt, dass der Diener die in den vorangegangenen Tagen verwendete Tinktur in einer kleinen Flasche mit einem Papierstopfen aufbewahrt hatte; dass der Spiritus verdunstet sei und sich das gesamte Harz an den Seiten des

Fläschchens abgesetzt habe. Tatsächlich hatte das Kind am Vortag Tropfen Mutterwasser getrunken.

Ein neues Präparat wurde in drei Tropfendosen im 5. und 6. verabreicht und auf acht Tropfen erhöht, mit der Wirkung, die Heftigkeit zu vermindern, die Wiederkehr des Paroxysmus jedoch nicht zu verhindern.

Am 7. konsultierte ich Dr. Nicholson, und da ich an einer Heilung durch Hanf verzweifelte, einigte man sich darauf, die Anwendung zu unterbrechen, einen Senfumschlag auf das Epigastrium aufzutragen und eine Dosis Rizinusöl und Terpentin zu verabreichen. Der Zustand des Kindes verschlechterte sich jedoch rasch, und um zwei Uhr nachmittags setzte ein tetanischer Krampf ein, der ununterbrochen bis halb sechs Uhr nachmittags anhielt. Ein kaltes Bad wurde versucht, ohne den Krampf zu lösen; Deshalb griff man erneut auf Hanf zurück und verabreichte auf einmal eine Dosis von dreißig Tropfen, was eineinhalb Körnern des Harzes entsprach.

Unmittelbar nach der Gabe dieser Dosis entspannten sich die Gliedmaßen, der kleine Patient schlief tief ein und schlief so dreizehn Stunden lang ein. Während sie schlief, stand sie offensichtlich unter dem eigentümlichen Einfluss der Droge.

Am 8. Oktober um vier Uhr morgens kam es zu einem schweren Anfall, und von dieser Stunde bis zehn Uhr nachts traten fünfundzwanzig Anfälle auf, und es wurden 130 Tropfen der Tinktur in Dosen von dreißig Tropfen verabreicht. Es war nun offensichtlich ein Kampf zwischen der Krankheit und dem Heilmittel; aber um zehn Uhr abends wurde sie erneut narkotisiert , und von dieser Stunde an trat kein Anfall mehr auf.

An den drei folgenden Tagen kam es zu erheblichen Beschwerden, und bei der Verabreichung großer Dosen Mandelöl bildeten sich mehrere kleine dunkelgrüne Hanfharzklumpen, die wirksame Linderung brachten. Das Kind erfreut sich nun (17. Dezember) einer robusten Gesundheit und hat sein natürliches, rundliches und fröhliches Aussehen wiedererlangt.

Bei der Betrachtung dieses Falles kommen mehrere sehr bemerkenswerte Umstände zum Vorschein. Zuerst stellen wir fest, dass drei Tropfen oder drei Zwanzigstel eines Grans eine starke Narkotisierung hervorrufen, später stellen wir fest, dass 130 Tropfen täglich erforderlich sind, um die gleiche Wirkung zu erzielen. Bei dem Versuch, diese Situation zu erklären, muss zweifellos vor allem die Schwere der Symptome berücksichtigt werden . Es war zu früh, als dass die Gewohnheit die narkotische Wirkung der Droge überwiegen konnte. Sollte die Krankheit jemals erneut auftreten, ist es von großem Interesse, die Menge der Tinktur zu ermitteln, die zur Linderung erforderlich ist. Der Leser wird sich daran erinnern, dass dieser Säugling erst sechzig Tage alt war, als ihm an einem Tag 130 Tropfen derselben

Zubereitung verabreicht wurden, von der zehn Tropfen den Schüler Dinonath berauscht hatten Dhur , der das Medikament für Experimente einnahm.

Einsatz bei Delirium tremens.

Ich habe die Hanftinktur bei dieser Krankheit ausführlich getestet und hatte allen Grund, mit ihrer Wirkung zufrieden zu sein. In seiner Wirkung ähnelt es Opium und Wein, ist aber viel sicherer als diese Mittel. Ich kann ohne zu zögern sagen, dass Hanf in den Fällen, in denen die Opiumbehandlung anwendbar ist, weitaus wirksamer sein wird. Der veränderte Geisteszustand, den es hervorruft, ist wirklich wunderbar. Von der schrecklichen Angst, die im Allgemeinen vorherrscht, gerät der Patient bald in einen Zustand der Fröhlichkeit, oft der ausgelassenen Heiterkeit, und versinkt bald in einen glücklichen Schlaf. Natürlich gibt es viele Fälle, in denen dieses oder ein anderes Betäubungsmittel nicht eingesetzt werden sollte.

Delirium, verursacht durch anhaltenden Hanfrausch.

Bevor wir dieses Thema verlassen, ist es wünschenswert, die einzigartige Form des Deliriums zu beachten, die der unvorsichtige Gebrauch von Hanfpräparaten häufig hervorruft, insbesondere bei jungen Männern, die es zum ersten Mal probieren. Mehrere solcher Fälle sind mir bekannt geworden. Sie sind so eigenartig wie das „Delirium tremens", das auf den längeren Missbrauch von Spirituosen folgt, unterscheiden sich jedoch deutlich von allen anderen Deliriumarten, die mir bekannt sind.

Dieser Zustand ist sofort an dem seltsamen, balancierenden Gang des Patienten, dem ständigen Reiben der Hände, dem ständigen Kichern und der Neigung zu erkennen, die Füße aller Umstehenden, egal welchen Ranges, zu streicheln und zu reiben . Das Auge trägt einen Ausdruck von List und Heiterkeit, der kaum zu verkennen ist. In einigen Fällen sind die Patienten gewalttätig; in vielen Fällen stark aphrodisierend; in allem, was ich gesehen habe, unersättlich hungrig. Es kommt zu keiner erhöhten Hitze oder Durchblutung, es treten keine Anzeichen von Entzündungen oder Stauungen auf und die Haut und die allgemeinen Funktionen befinden sich in einem natürlichen Zustand.

Eine Blase im Nacken, Blutegel an den Schläfen und ekelerregende Dosen von Brechweinstein mit salzhaltigen Abführmitteln haben in allen Fällen, mit denen ich zu tun hatte, die Symptome schnell verschwinden lassen und den Patienten wieder vollkommen gesund gemacht.

Abschluss.

Die vorstehenden Fälle stellen eine Zusammenfassung meiner Erfahrungen zu diesem Thema dar und begründen meine Überzeugung, dass der

Berufsstand mit Hanf ein krampflösendes Mittel von größtem Wert gewonnen hat. Angesichts dieser Überzeugung, sei sie wahr oder falsch, halte ich es für meine Pflicht, sie ohne vermeidbare Verzögerung zu veröffentlichen, damit das vorgeschlagene Rechtsmittel so umfassend und schnellstmöglich geprüft werden kann. Ich wiederhole, was ich bereits in einem früheren Aufsatz gesagt habe: Wenn mein Ziel nur der Ruf wäre, würde ich Jahre vergehen lassen und Hunderte von Fällen vor der Veröffentlichung sammeln; und beim Veröffentlichen ging ich auf jedes erdenkliche Detail ein. Aber das Ziel, das ich mir bei diesen Untersuchungen vorgestellt habe, ist von ganz anderer Art. Ein paar starke Fakten zusammenzutragen, die Grenzen zu ermitteln, die nicht gefahrlos überschritten werden können, diese dann dem Berufsstand zu zeigen und ihnen die Verfolgung und Entscheidung über den Diskussionsgegenstand zu überlassen, scheint mir die geeignetste Versuchsmethode zu sein die medizinischen Ressourcen zu erkunden, die ein unerprobtes Heilmittel bieten kann.

Es kann nützlich sein, eine Formel zur Herstellung der von mir verwendeten Präparate hinzuzufügen.

Der *harzige Extrakt* wird durch Kochen der reichhaltigen, klebrigen Spitzen des getrockneten *Gunjah* in Spiritus (Sp. Gr. 835) hergestellt, bis sich das gesamte Harz aufgelöst hat. Die so erhaltene Tinktur wird durch Destillation oder in einem Gefäß über einem Topf mit kochendem Wasser zur Trockne eingedampft. Der Extrakt wird bei sanfter Hitze weich und kann ohne Zusatz zu Tabletten verarbeitet werden.

Die *Tinktur* wird durch Auflösen des Extrakts in Alkohol mit einer Dichte von 835° hergestellt.

Dosierungen usw. – Bei *Tetanus* jede halbe Stunde eine Drachme der Tinktur, bis die Anfälle aufhören oder Katalepsie oder Narkotismus induziert wird. Bei *Hydrophobie* empfehle ich dem Patienten, das Harz in weichen Pillen in einer Menge von zehn bis zwanzig Körnern zu kauen und diese je nach Wirkung zu wiederholen. Bei *Cholera* werden oft dreißig Tropfen der Tinktur jede halbe Stunde gefunden, um das Erbrechen und die Säuberung zu unterdrücken und die Wärme an die Oberfläche zurückzubringen. Meine Erfahrung würde mich hier dazu veranlassen, *kleine Dosen des Mittels* zu bevorzugen , um den Patienten eher zu erregen als zu narkotisieren .

Ich muss nur noch hinzufügen, dass mir seit der Erstveröffentlichung des Inhalts der vorangehenden Abhandlung zahlreiche Fälle bekannt geworden sind, in denen das *Churrus* , das von den Eingeborenen zum Räuchern zubereitete Harz, mit geringer Wirkung verwendet wurde. Dies war bei einigen Experimenten von Dr. Pereira mit *Churrus der Fall* , die ich ihm selbst geschickt hatte. Wahrscheinlich waren sowohl das Alter als auch die

Verfälschung dafür verantwortlich, dass diese Substanz unwirksam wurde. Aber mit dem alkoholischen Extrakt, der auf die von mir empfohlene Weise aus den Spitzen hergestellt wird, muss der Praktiker sich nur an seine Wirkungsweise herantasten und die Dosis erhöhen, bis er einen Rausch erzeugt, um zu testen, ob das Mittel seine Wirkung entfaltet hat.

Von allen starken Betäubungsmitteln ist es das sicherste, wenn man es mit Mut und Entschlossenheit einnimmt.

Ich habe Herrn Squire aus der Oxford Street einen großen Vorrat des Gunjah gegeben, und dieser Herr hat mir freundlicherweise versprochen, jedem Krankenhausarzt oder Chirurgen, der das Mittel anwenden möchte, eine ausreichende Menge des Extrakts zur Verfügung zu stellen . Mein Ziel ist es, es ausgiebig und genau testen zu lassen, ohne Gunst oder Vorurteile, denn die Erfahrung von vier Jahren hat in mir die Überzeugung gefestigt, dass wir überhaupt kein Mittel besitzen, das in seiner antikonvulsiven und antineuralgischen Wirkung mit diesem vergleichbar wäre.

(*Datum des Nachdrucks*) London, Januar 1843.

FUSSNOTEN:

[1] Für sehr schöne *Churrus -Exemplare* muss ich Dr. Campbell, dem verstorbenen politischen Bewohner von Nipal , meinen Dank aussprechen .

[2] Mit diesem Begriff ist wahrscheinlich der Erste der Sassaniden-Dynastie gemeint, auf den über viele Generationen hinweg der Beiname „ **Khusrow** “ oder Cosroes , gleichbedeutend mit Kåiser , Cæsar oder Zar, angewendet wurde . Diese Dynastie bestand von 202 N. CHR. bis 636 N . CHR . — *Siehe Anmerkung 50 zu Lane's Translation of the Arabian Nights , Bd.* ii. P. 226.

[3] Handbuch der Medizin und Pharmazie . Botanik , von F. Ness von Esenbeck und Dr. Carl Ebermaier , Bd. ich , p. 338.

[4] Obwohl ich keine Wirkung von zwei Drachmen Hanfharz beobachtet habe, die einem Pferd verabreicht wurden, haben die Herren Hughes und Templar aus Kalkutta haben seitdem vier Pferde von traumatischem Tetanus geheilt, indem sie halbe Pint-Dosen der Tinktur verabreichten . — WB O'S.

[5] Ich hätte erwähnen sollen, dass die Krankenschwester zu Beginn der Krankheit gewechselt wurde und am Fluss auf einen Luftaustausch zurückgegriffen wurde, aber vergeblich.

INDISCHER HANF.

MEINE HERREN , – unter Bezugnahme auf meinen Artikel über den indischen Hanf, der kürzlich in Ihr Tagebuch aufgenommen wurde, vertraue ich darauf, dass ich jeden Wunsch zurückweisen darf, diese Präparate als Spezialmittel bei der Behandlung von Tetanus oder bei krampfartigen Krankheiten im Allgemeinen voranzutreiben. Dass Hanf eine große, ja außergewöhnliche krampflösende Kraft besitzt, bin ich mir aufgrund zahlreicher Tatsachen sicher, die ich selbst beobachtet habe und die auch andere beobachtet haben. Allein die Fälle der sechs von traumatischem Tetanus betroffenen Pferde, von denen vier genesen sind, reichen fast aus, um jeden unvoreingenommenen Menschen von der Energie und dem Versprechen dieses Medikaments zu überzeugen.

Aufgrund der heilsamen Vorsicht, die jeder gute Praktiker bei den Dosierungen eines Mittels beachten muss, mit denen er praktisch nicht vertraut ist, muss zunächst mit vielen Misserfolgen gerechnet werden. Zu diesem Punkt muss ich noch anmerken, dass in einem Fall von traumatischem Tetanus, der jetzt in Behandlung ist, jede zweite oder dritte Stunde fünfzehn Gran-Dosen des Harzes verabreicht wurden, und von diesen Dosen wurden fünf vor der Einleitung des Narkotismus eingenommen.

In Fällen von Tetanus halte ich keinen Versuch mit dem Medikament für überhaupt schlüssig, es sei denn, es wurde so weit getrieben, dass es zu Benommenheit und Bewusstlosigkeit führt.

Katalepsie als Folge dieser Droge zu viel Bedeutung beigemessen ; Katalepsie habe ich in vielen Fällen eindeutig beobachtet, aber die Wirkung ist nicht universell ; Ich habe gesehen, wie es durch zehn Tropfen der Tinktur und durch ein Körnchen Harz erzeugt wurde. Andererseits habe ich einem Tetaniker an einem Tag fünfzig Körner gegeben, ohne dass eine solche Wirkung zu beobachten war.

Aus den Experimenten von Herrn Ley und Dr. Pereira geht klar hervor, dass in diesem Land viel größere Dosen verwendet werden müssen, als wir in Indien für ausreichend befunden haben. Die Ursache hierfür ist möglicherweise auf molekularchemische Veränderungen zurückzuführen, die mit dem Alter in den Bestandteilen des Arzneimittels stattfinden und denen ähneln, die in der Fachwelt im Fall von Hemlocktanne und ihrem Wirkstoff bekannt sind.

Die Tinktur, die durch Auflösen des Extrakts in Spiritus hergestellt wird, halte ich für die beste Form des Arzneimittels zur Verwendung bei tetanischen Fällen – oder das Harz kann durch Verreiben mit etwas Mehl, kohlensaurem Natron und Schleim zu einer Emulsion verarbeitet werden. Das Soda neigt dazu, das Harz aufzulösen, und seine Verwendung steht im Einklang mit den Vorschriften der antiken östlichen Schriftsteller, die Hanf mit alkalischen Substanzen verordneten und Säuren in verschiedenen Formen (wie Oxymel und Sauerampferwein) verwendeten, um seinen Wirkungen bei der Einnahme entgegenzuwirken bei Überdosierungen.

Abschließend wage ich es, auf die sehr interessanten Fälle zu verweisen, die Herr Ley kürzlich im Provincial Medical Journal veröffentlicht hat. Eine weitere Abhandlung aus der gleichen tüchtigen Feder wird, soweit ich weiß, bald erscheinen und reichlich Beweise für den therapeutischen Wert dieses Mittels liefern. Herr Ley teilt mir mit, dass er an der *krampflösenden* Wirkung des Hanfs keinen Zweifel hegt. Das ist das großartige, wertvolle Ergebnis, nach dem es zu suchen gilt; alles andere ist vergleichsweise von geringer Bedeutung. In einigen kleineren Punkten weichen die Ergebnisse von Herrn Ley von meinen ab. Dies muss nur als Beweis für die Genauigkeit seiner Beobachtungen angesehen werden – dass er getreu aufzeichnet, was er sieht, und nicht nur in die Fußstapfen eines anderen tritt.

Ich bin, meine Herren,
Ihr treuer Diener,
WB O'SHAUGHNESSY, MD

London, Februar. 8, 1843.

PS: Ich würde mir erlauben, Experimentatoren dazu einzuladen, die Verfahren zur Herstellung von Konia und Nikotin am Hanfharz zu wiederholen , nämlich durch Destillation mit Kalilauge oder Soda und Wasser, die Aufnahme der destillierten Flüssigkeit in verdünnter Säure und die erneute Destillation mit einem Überschuss an Alkali, wie zuvor. Meine Abreise aus Indien hat meine Erprobung dieses Prozesses beeinträchtigt, und ich denke, dass er wahrscheinlich zu wertvollen Ergebnissen führen wird.

www.ingramcontent.com/pod-product-compliance
Lightning Source LLC
LaVergne TN
LVHW041808190726
843493LV00009B/2836